UNIVERSITÉ DE FRANCE.

ACADÉMIE DE STRASBOURG.

ACTE PUBLIC

POUR LA LICENCE,

PRÉSENTÉ

À LA FACULTÉ DE DROIT DE STRASBOURG

ET SOUTENU PUBLIQUEMENT

le Mercredi 17 Août 1859, à midi,

PAR

VICTOR BARBIER,

de Noyers (Haute-Marne).

STRASBOURG,
DE L'IMPRIMERIE D'ÉDOUARD HUDER, RUE DES VEAUX, 4.
1859.

A MON PÈRE

ET

A MA MÈRE.

VICTOR BARBIER.

A MES ONCLES.

Victor BARBIER.

FACULTÉ DE DROIT DE STRASBOURG.

MM. Aubry ✳. . . . . . . doyen et prof. de Droit civil français.
Hepp ✳ . . . . professeur de Droit des gens.
Heimburger. . . . . professeur de Droit romain.
Thieriet ✳ . . . . . professeur de Droit commercial.
Rau ✳. . . . . professeur de Droit civil français.
Eschbach . . . . . . professeur de Droit civil français.
Lamache ✳ . . . . . professeur de Droit administratif.
Destrais. . . . . . . professeur de Procédure civile et de
Droit criminel.
N. . . . . : ·professeur de droit romain.

M. Blœchel ✳ . . . . . . professeur honoraire.

MM. Lederlin , agrégé.
Marinier , professeur suppléant provisoire.

M. Bécourt , officier de l'Université , secrétaire , agent compt.

MM. Eschbach , Président de l'acte public.
Lamache,
Destrais, } Examinateurs.
Marinier ,

JUS ROMANUM.

De jure dotium. — D. L. XXIII, T. 3.

DOTIS DEFINITIO.

Dos est quod mulier, aliusve pro ea, viro ad sustinenda matrimonii onera, dat aut promittit.

Ista definitio explananda est. Mulier aliusve pro ea. Qui dotem constituere possint postea videbimus.

Ad sustinenda onera matrimonii onera marito, si sui juris est, patrifamilias, si alieni juris, incumbunt.

Itaque dos vel marito, vel patrifamilias confertur. Ubi enim est matrimonii onus, ibi et dotis emolumentum esse debet. Matrimonii dos non intelligitur nisi in justis nuptiis, quæ secundum civitatis jura valent, sed non in concubinatu, nec in contubernio. Si nullum est matrimonium, nulla est et dotis constitutio. (Inst. L. IV, T. 6, § 23. L. 5, D. de jur. dot.).

CAPUT PRIMUM.

Quot sint dotis species.

I. Dos aut profectitia, aut adventitia est.

1° Profectitia dicitur dos quæ mulieri a patre, vel a parente virilis sexus, et ex bonis ejus parentis constituitur (Ulp. reg. 6, § 3). Profectitia quoque est dos, quum, patre jubente, a procuratore et negotiorum gestore, vel a curatore prodigi et furiosi, data est.

Ista dotis species filiæ adhuc in potestate patris viventi, et filiæ emancipatæ debetur, sed non filiæ naturali quæ ventrem sequitur (L. 5, § 1, 8, 11, 12. D. de jur. dot.).

2° Adventitia est dos quam mulier ipsa sibi, aut extraneus, aut pater ipse, sed non ut pater, constituit.

Itaque, sive pater, ad constituendam dotem, repudiet hereditatem cui maritus substitutus est, sive quasi fidejussor dotem ab alio promissam solvat, dos adventitia est.

Apud veteres romanos, mulier sibi dotem conferre non poterat, nisi adstante tutore. Sed jure Justinianeo tutore vel curatore non indiget (Const. 28, cod. de jur. dot.).

II. Dos necessaria aut voluntaria est. Sequenti capite de his pauca loquemur.

CAPUT SECUNDUM.

De dote constituenda.

§ 1. *Quis dotem constituere debeat.*

Unusquisque dotem constituere potest, sive ipsa mulier, sive pater, sive extraneus. Sed quidam, nolentes quidem, lege coguntur. Pater filiam suam legitimam, aut naturalem, aut adoptivam, sed non vulgo quæsitam, ex constitutione Severi et Antonini, dotare cogi potest (L. 19, D. de rit. nupt.).

Nihil enim tam naturale et officiosum est, quam ut pater nubenti filiæ dotem præbeat. Interest reipublicæ, ait Ulpianus, mulieres dotes habere, per quas nubere possint (L. 2, D. de jur. dot.).

Frater quoque sorori ex eodem patre natæ, et raptor mulieri quam rapuit, dotem præstare coguntur.

Sed nulla actio filiæ adversus matrem suam datur ad obtinendam dotem, exceptis tamen paucis casibus, velut : quum pater inops est et mater idoneas facultates habet, vel quum ipsa est heretica et filia orthodoxa (Const. 14, cod. de jur. dot.). Hæc dos necessaria dicitur.

Voluntaria est quum, nullo jure cogente, a matre, vel ab extraneo, vel ab ipsa muliere, constituitur.

§ 2. *Quæ in dotem constitui possint.*

In dotem quælibet res constitui potest, dummodo sit in commercio. immobilia et mobilia, res corporales et incorporales, velut nomina, ususfructus, debiti liberatio, res singulæ et universitas rerum, præstari possunt. Rem alienam quidem promittere licet dum rei possessio ad maritum transferatur.

Quum species in dotem promittitur, rei interitu promittens liberatur, nisi res, dolo, aut culpa perierit. Genus autem nunquam perit, et unius ex certis rebus interitus, promittentem non liberat.

§ 3. *Quibus modis dos constituatur.*

Dos aut antecedit, aut sequitur matrimonium. Sed si ante nuptias contracta fuerit, earum tamen adventum exspectabit (Paul. 2, 21, § 1).

Tribus modis dos constituitur : 1° dotis datione; 2° dotis dictione; 3° dotis promissione (Ulp. reg. 6, § 1).

1° Dotis datione, quum res dotales ante nuptias, et in continenti ad maritum transferuntur. Sed inter res mancipi et nec mancipi distin-

guendum est, quoad modos translationis qui jure vetere valebant.
Res mancipi per mancipationem vel in jure cessionem in mariti pos-
sessionem mittebantur. Res nec mancipi sola traditione viro cedebant.
Omnes dotem dare possunt (Gaïus, com. 2, § 63).

2° Dotis dictione, quum quibusdam solemnibus verbis res dotales
a constituente certe designatas maritus accipere profitetur. In hac for-
mula quam refert Terentius, modus iste constabat: «Dos, Pamphile,
est talenta quindecim. Accipio» (L. 25, 44, et 46, D. de jur. dot.).

Non omnes dotem dicere queunt. Mulier sola, vel, illa jubente, de-
bitur suus aut parens virilis sexus, sed non extraneus, hoc jure uteban-
tur (Ulp. 6, § 2).

3° Dotis promissione, quum sipulatio inter contrahentes intervenit. Quæ stipulatio quadam interrogatione, et responso consentienti,
inter maritum et promittentem fieri solet.

Veluti: Centum aureos mihi dotis nomine dare promittis? Promitto.
Promittere dotem cuique licet.

Dotis promissio non solum pure, sed et ex certo tempore et sub
certa conditione, fieri potest. Quum pura promissio est, dos simul ac
promissa debetur. Quum ex die promittitur, tempus ex contractis nuptiis computatur. Conditio intra tempus matrimonii complenda est.
Quod si ad dissolutionem matrimonii differtur, nulla est. Ad sustinenda enim matrimonii onera dos præbetur.

Quibusdam et aliis modis dos constitui potest, scilicet: acceptilatione et redintegratione dotis. Acceptilatione, quum debenti marito ac-
ceptum feratur, vel a muliere, vel ab extraneo, dotis constituendæ
causa (D. L. 41, § 2. de jur. dot.).

Tacita redintegratione dotis, quum post divortium, judicio de dote
contestato, uxor ad priorem virum redit.

Ex his modis constituendæ dotis, unus, dotis dictio exolevit. Alii su-
persteterunt, et novi introducti sunt jure novo. Dos etiam constituitur nudo pacto, per testamenta vel codicillos.

CAPUT TERTIUM.

Quæ jura in dotem habeat maritus.

Jus dotium apud Romanos lento gradu progressus est, quum in ma-
num mariti conveniebat mulier, quidquid ipsa possidebat, sine discri-
mine, viro acquirebatur. Postea dos constitui cœpit, sed tamen semper
in dominium mariti cadit. Illam ad libitum alienare, vendere, vel hypothecæ dare potest. Jure novo tandem marito in dotem tantum jus
revocabile conceditur. Nunc videamus quæ circa dotem vir jura exer-
ceat.

1º Maritus dotem promissam condictione, vel actione ex stipulatu
exigere potest. Hæc actio mulieri non competit, nisi testamento dos
constituta sit. Socer ex quo exigitur, viro beneficium competentiæ
opponere potest. Extraneus autem promissor, integrum præstare tenetur.

2º Quum dotis est dominus, vir dotalium fructus percipit. Accessorium enim sequitur principale. Fætus pecorum inter fructus com-
putantur. Pactus autem ancillæ in usumfructum datæ, non viro
acquiritur quia servi non possidentur ut pariant (D. L. 27, de hered.
pet.).

3º Maritus jure vetere dotalia solus alienæ poterat vel hypothecæ
dare. Sed lege Julia de adulteriis et fundo dotali cautum est ne dotis
alienatio uxori præjudicium afferat (Paul. sent. 2, 21, § 2). Prohibi-
tum est alienare fundum dotalem in solo Italico invita muliere, et hypothecæ dare etiam consentiente muliere, quia proniores sunt mulieres ut hypothecæ consentiant. Ista lex a Justiniano aucta est. Vetuit
prædium dotale alienare vel hypothecæ dare sive de Italicis, sive de
provincialibus fundis agatur. Non amplius potest vir debitas servitu-
tes amittere, vel alias imponere. Hoc enim quædam alienatio est. Si,
lege prohibente, vir dotalia vendidit, mulieri vel suis heredibus ad
revocandam alienationem actio competit.

Huic tamen legi adfertur exceptio. Fundum dotalem alienare potest maritus :

1º Quum necessitate fit, id est, quum fundus dotalis communis est, et divisio per judicium petitur, vel quum, viro non impediente, vicinus in possessionis fundi dotalis missus est.

2º Quum potestate juris fit, id est quum fundum servientem prædio dotali maritus empsit. Servitus enim confunditur. Sed si fundum reddiderit, servitus reviviscit, et actio utilis ad eam restaurandam mulieri datur.

3º Quum ante nuptias res uxoria viro transmissa æstimata est. Rerum æstimatarum maritus dominium consequitur, quasi emptor, et pretii debitor efficitur (Const. 5, cod. de jur. dot.). Quia non æstimantur ut eædem, sed ut tandumdem restituantur.

4º Quum mulieri expedit, scilicet : ad creditores solvendos, redimendum ex servitute aliquem mulieri necessitudine junctum (L. 26, D. de jur. dot.).

5º Dos alienari potest ad alendum egentem virum, sororem fratremve, et ad nubendos liberos (L. 73, D. Lib. 22, Tit. 3).

Obligationes quoque a marito præstandæ sunt. Res dotales sicut bonus ac diligens paterfamilias administrare debet.

Igitur vindicare debet fundum dotalem adversus eos qui illum non jure dominii detinent. Debita recuperare, et fructus dotales ad sustinenda matrimonii onera adhibere, tenetur.

Dotem, dissoluto matrimonio reddere debet, ut postea videbimus.

Nunc ostendamus cujus sit dotis periculum. Res æstimatæ, et quæ ipso usu consumuntur, marito pereunt.

Quarum rerum pretium solvere tenetur, quia non in specie, sed in pretio, vel in eadem quantitate et qualitate sunt reddendæ. Res autem qua non æstimatæ sunt, nec primo usu consumuntur, mulieri pereunt. Diligentia in concreto tenetur maritus circa res dotales, et dolum vel culpam latam præstat.

CAPUT QUARTUM.

De restituenda dote.

Maritus, durante matrimonio, dotalia in dominium habet.

Sed dominium istud revocabile est, et dos, soluto matrimonio restituenda est. Mulier ad cavendam et recuperandam dotem tacitam hypothecam in bonis mariti habet (Const. renic. cod. de rei ux. act.).

Sed distinguendum est quoad restitutionem inter solutionis modos.

1° Morte mulieris. Non idem est, si dos profectitia aut adventitia est.

Dos profectitia, mortua in matrimonio muliere ad patrem, qui illam constituit, revertitur. Si ab avo paterno præstita fuerit, et ipse constante matrimonio decesserit, dos patri, qui paterfamilias fit, acquiritur. Si vero avus et pater ambo mortui sunt, dos apud virum remanet (D. L. 79, de jur. dot.; Const. 4, eod. L. 5, T. 18).

Dotem adventitiam maritus semper lucratur, nisi aliter stipulatus sit qui illam præbuit. Quum enim extraneus stipulatus est dotem sibi reddendam, soluto matrimonio, dotalia ad eum redeunt et dos receptitia dicitur (Ulp. T. 6, §. 5).

Hæc antiquo jure. Sed Justinianus novum jus innovavit (Const. unic. cod. de rei ux. act.). Nunquam dos marito remanet.

Si profectitia est dos, mortuo patre, ad heredes mulieris transit. Si adventitia est, nec extraneus restitutionem stipulatus est, dos etiam mulieris heredibus cedit, quia semper mulier dotem sibi reddendam pacta esse censetur.

2° Morte viri.

3° Divortio. Jure vetere discernendum erat inter divortium quod culpa viri, et quod culpa uxoris accidebat. Si mulieris culpa, maritus partem dotis, quæ secundum divortii causas variabat, retinere pote-

rat, sive adventitia sive profectitia sit dos. Si culpa mariti, ille in
præsenti, aut sex mensium intervallo dotem reddere debebat (Ulp. T.
6, § 13).

Novo jure, si culpa mulieris divertitur, dos viro cedit. Si viri culpa,
dos statim reddenda est. Si sine culpa, aut morte viri solvitur matrimonium, dos restituenda est. Res mobiles et incorporales intra annum
a dissoluto matrimonio restituere tenetur maritus; prædia autem statim (Ulp. 46, § 8).

Sed quid restituendum est? Si in rebus fungibilibus dos constat,
eamdem qualitatem, quantitatem et naturam vir reddere debet. Si res
dotales inæstimatæ sunt, quales exstant, dissoluto matrimonio, restituenda sunt, sive meliores, sive deteriores factæ.

Quum maritus dilationem obtinuit ad præstandam dotem satisdare
tenetur.

Fructus dotis quos cepit marito lucro sunt. Fructus ante nuptias
collecti, cum dote restituendi sunt. Qui novissimo anno matrimonii
percepti sunt, pro portione temporis, viro et mulieri adsignantur. Par-
tus dotalium ancillarum, et quæ servi dotales acquirunt uxori prosunt,
quia mancipia non possidentur ut pariant (Const. 1° cod. de rei ux.
act.).

Dos, etiam constante matrimonio, exigi potest, qum maritus vergit
ad in opiam. Timendum enim est ne soluto matrimonio, mariti facultates non sufficiant ad solvendam dotem. Et mulier non solum contra
virum, sed et contra alios hypothecaria actione agere potest (L. 29,
cod. de jur. dot.).

Duæ actiones vetere jure dabantur ad exigendum dotem : actio rei
uxoriæ et actio ex stipulatu.

CAPUT QUINTUM.

Quæ actiones ad restituendam dotem dentur.

Actio rei uxoriæ mulieri, vel patrifamilias in cujus potestate est,
nunquam autem extraneo qui dotem dedit, competebat.

Actio ex stipulatu patri et extraneo qui dotem constituendo eam restituendam stipulati fuerant, concedebatur.

Per actionem præscriptis verbis dotem exigere poterat etiam extraneus qui dotis restitutionem pactus erat.

Justinianus duas actiones istas in unam quæ ex stipulatu dicitur reduxit. Quæ quidem actio nova datur etiam quum non intervenit stipulatio de restituenda dote (Const. 1, cod. de rei ux. act.). Actio de dote reddenda adversus maritum aut adversus patremfamilias, si vir alieni juris est, datur.

Sed in hoc casu filius quoque in solidum cum patre tenetur (Const. 10, cod. solut. mat. dos quemad. petat).

Si dos filio, patre non jubente, præstita est, pater actione de peculio aut de in rem verso tenetur. Adversus autem filium agere nemo potest priusquam patri succedat.

Actiones de dote repetenda vetere jure extinguebantur : 1° solutione dotis; 2° redintegratione dotis. Actio rei uxoriæ specialiter cessabat quum legatum sibi a viro factum mulier agnoscebat, vel quum decedebat ante moram factam.

Jure novo, actio ex stipulatu non legato mulieri facto cessat, nisi pro dote relinquatur, nec morte mulieris, sed transit ad heredes.

Dos non reddenda est nisi deductis impensis. Impensæ sunt necessariæ, vel utiles vel voluptariæ. Necessariæ sunt, quæ ad servanda dotalia quibus impendet ruina factæ sunt ; veluti aggeres constructi. Utiles sunt quæ in meliorem conditionem constituunt dotem; veluti prædia stercorare, prata irrigare. Necessariæ et utiles impensæ dotem minuunt, et pro eis aliquid de dotalibus retinere potest maritus. Voluptariæ sunt quæ ad ornamentum et voluptatem factæ sunt; dotem non minuunt (L. 79, D. de verb. signif.).

DROIT CIVIL FRANÇAIS.

Du régime en communauté. ━ *De ce qui compose la communauté légale.*

(Cod. Nap., liv. 3, tit. 5, chap. 2, 1ʳᵉ partie, sect. 1ʳᵉ, art. 1399 à 1420.)

INTRODUCTION.

On ne trouve aucun vestige de la communauté entre époux dans les monuments de Droit romain.

On croit généralement que cette institution est née parmi les peuples de la Germanie. Ce qu'il y a de certain c'est qu'on en trouve des traces dans la loi des Ripuaires. Elle fut probablement transportée dans les Gaules au milieu des conquêtes des Francs, et là elle se développa peu à peu sous l'influence des idées chrétiennes. Mais elle dut subir de nombreuses modifications avant d'arriver à l'état où nous la voyons aujourd'hui. Sous les deux premières races de nos rois, la femme n'avait droit qu'au tiers des biens acquis pendant le mariage. Plus tard, la coutume de Bourgogne lui accorda la moitié. Du reste, les principes qui réglaient la communauté et les droits auxquels elle donne naissance variaient suivant les localités.

La coutume de Paris admettait la communauté à peu près comme elle existe aujourd'hui dans notre Code, auquel elle a servi de modèle. Dans l'ouest de la France (Anjou, Perche, Bretagne) la communauté n'existait qu'autant qu'elle avait été stipulée expressément, et que le mariage avait duré un an et un jour. En Normandie, les coutumes défendaient de la stipuler. Quant aux pays de droit écrit, ils suivaient la loi romaine, c'est-à-dire le régime dotal.

L'époque à laquelle commençait la communauté variait aussi suivant les pays. D'après la coutume de Paris, la communauté commençait le jour du mariage; d'après celle de Bretagne, un an et un jour seulement après le mariage. Mais dans ce cas elle avait un effet rétroactif. Enfin, dans d'autres pays elle ne commençait que le lendemain du mariage.

Le Code Napoléon a mis fin à toutes ces dissidences, en adoptant la communauté comme droit commun de la France,

Ce régime est sans doute celui qui est le mieux approprié aux rapports qui unissent les époux. La communauté, en effet, est fondée sur la nature même du mariage. Le mariage établit une communauté de vie et d'existence : il devait donc aussi établir une communauté de biens. La définition que Modestin donne du mariage est tout à fait conforme à cette idée : *Matrimonium est consertim divini atque humani juris communicatio.* «Dans les mariages gouvernés par la communauté, dit M. Troplong, il y a plus d'égalité entre les époux. plus d'émulation dans le travail, plus de crédit près des tiers, plus de progrès dans la famille.»

Au point de vue de l'équité et de l'intérêt des tiers, la communauté n'est pas moins avantageuse. Elle prévient les fraudes si faciles et si fréquentes sous le régime dotal, où tous les biens de la femme peuvent être rendus inaliénables.

Cependant, malgré tous ces avantages, le régime de communauté n'est pas sans présenter quelques imperfections. C'est ainsi que la disposition qui fait tomber tous les meubles en communauté, tandis que les immeubles restent propres, conduit parfois à d'injustes inégalités entre les époux, par suite du grand accroissement qu'ont pris de nos jours les fortunes mobilières.

Du régime en communauté.

La communauté est une société universelle de biens qu'un homme et une femme contractent en se mariant, et dont la composition et les effets sont déterminés par les conventions des parties, ou par la loi, à défaut de conventions.

Il résulte de cette définition qu'il y a deux espèces de communauté : la communauté légale et la communauté conventionnelle. Toutes deux ont pour cause immédiate la volonté des parties contractantes, manifestée soit expressément, soit tacitement.

La communauté conjugale est une société universelle de biens plus étendue que les sociétés ordinaires. Elle comprend, en effet, tous les biens des époux, soit en pleine propriété, soit en jouissance seulement (Rod. et Pont. I, 297, 100).

C'est une société *sui generis*, distincte des sociétés civiles et commerciales. Dans les sociétés civiles, chacun des associés a des droits égaux, à moins de stipulation contraire.

Dans la communauté les droits des deux époux sont différents. Le mari a le droit d'administrer le fonds commun, et même d'en disposer, sauf certaines restrictions, sans le consentement de la femme. Les obligations qu'il contracte lient la communauté, en ce sens que le paiement en peut être poursuivi sur les biens de la communauté (MM. Aubry et Rau, III, § 505). La femme de son côté, peut faire cesser la communauté, y renoncer, et, même en l'acceptant, ne payer les dettes que jusqu'à concurrence de son émolument (C. Nap., art. 1443, 1494, 1484).

Les époux ne sont point libres de fixer eux-mêmes le point de départ de la société; c'est la loi elle-même qui le détermine (C. Nap., art.

1399). Enfin, il ne leur est point permis de stipuler que la société continuera avec les héritiers de l'associé prédécédé.

La communauté conjugale diffère en particulier des sociétés commerciales en ce qu'elle ne forme point comme elles un être moral distinct de la personne des associés.

Dans les sociétés de commerce, c'est la personne morale qui contracte, qui agit. C'est contre elle, et non point contre les associés personnellement, qu'agissent les créanciers. Il n'en est pas de même dans la société conjugale. Comment, en effet, se figurer un être moral qui s'évanouirait à la dissolution des époux, de telle sorte que les créanciers n'auraient plus d'action contre lui ? (Rod. et Pont. I, 296).

La communauté commence du jour de la célébration du mariage devant l'officier de l'état civil (art. 1399, C. Nap). La loi est formelle: les parties ne peuvent stipuler qu'elle commencera à une autre époque, par exemple avant ou après le mariage. Cependant un auteur a voulu soutenir qu'elle ne prend naissance qu'à la dissolution du mariage, époque où précisément le Code Napoléon, art 1441, la déclare dissoute. Le mari, dit-il, est seul seigneur et maître de la communauté. Il est libre de dissiper les biens qui la composent et de priver la femme des droits quelle peut avoir. La femme n'est donc point copropriétaire actuelle des biens de la communauté, mais elle a une simple espérance qui se réalise ou s'évanouit au jour de la dissolution du mariage, par son acceptation ou renonciation. Mais cette opinion est en contradiction évidente avec le texte du Code. La communauté, dit l'art. 1399, commence au jour de la célébration du mariage; elle se dissout, dit l'art. 1441, avec le mariage. Nous pourrions citer encore les art. 1442 et 1492 qui consacrent le même principe.

Ensuite, le mari est si peu propriétaire absolu des biens de la communauté qu'il ne peut disposer entre-vifs, à titre gratuit, des immeubles, ni de l'universalité ou d'une quote-part du mobilier, si ce n'est pour l'établissement des enfants communs (art. 1442, C. Nap.). La loi, il est vrai, accorde au mari un droit d'administration très-étendu, qui pourrait lui permettre de dissiper les biens de la communauté. Mais il ne suit pas de là que la femme ne soit pas co-propriétaire avec lui. La fraude et la mauvaise foi ne se présument pas. D'ailleurs, si la femme trouve que ses droits ne sont suffisamment garantis, elle peut demander la séparation de biens.

Toutefois nous ajouterons qu'aux regards des tiers, et même de la femme, le mari est, tant que dure la communauté, censé propriétaire exclusif du fonds commun.

Mais s'il n'est pas permis d'assigner à la communauté un terme autre que celui qui est fixé par l'art. 1399 , ne pourrait-on pas la soumettre à une condition suspensive ou résolutoire ? Cela était permis dans les anciennes coutumes, et le Code civil lui-même ne l'a point prohibé.

Nous pensons donc que les époux pourraient stipuler, par exemple, qu'il n'y aura communauté que si la femme survît au mari, ou s'il survient des enfants. La condition venant à se réaliser aura un effet rétroactif (art. 1179, C. Nap.) et la communauté sera censée avoir existé du jour du mariage. Si, au contraire, elle ne s'accomplit pas, la communauté n'aura jamais eu d'existence, et les époux auront été mariés sous le régime exclusif de communauté (Duranton, 14, n° 93).

Mais la condition ne peut être potestative, c'est-à-dire dépendre de la volonté de l'un ou de l'autre des époux (art. 1174, C. Nap.). Les conventions matrimoniales doivent, en effet, être immuables, et la loi n'a pas voulu laisser aux époux la faculté de changer à leur gré les conditions d'une union indissoluble. A plus fort raison, ne peut-on pas faire dépendre l'existence de la communauté d'une condition contraire à la loi et aux bonnes mœurs (art. 1172, C. Nap.). Il en serait de même d'une condition impossible. De pareilles conditions sont nulles, et les époux qui les auraient stipulées seraient mariés sous le régime exclusif de communauté. Il n'ont, en effet, manifesté l'intention de se marier sous le régime de communauté, qu'au cas où se réaliserait la condition qu'ils ont posée, condition qui ne peut s'accomplir, puisqu'elle est réprouvée par la loi (Durant. 14, n° 100).

De la communauté légale.

La communauté légale est une société universelle de biens, qui se forme entre mari et femme par le fait même du mariage, et qui est soumise à des règles particulières, à raison des rapports personnels que le mariage établit entre les époux.

La communauté s'établit de plusieurs manières. Elle a lieu :

1° Lorsque les parties déclarent purement et simplement qu'elles entendent se marier sous le régime de la communauté légale ;

2° Lorsqu'elles se marient sans contrat, ou que, dans leur contrat, elle se bornent à spécifier les avantages qu'elles se font, sans parler du régime qu'elles veulent choisir ;

3° Lorsque le contrat est entaché d'un vice qui entraîne la nullité. Dans ce cas, cependant, le contrat produit son effet jusqu'à ce que la nullité en ait été proposée.

Le contrat de mariage est nul lorsqu'il n'a pas été fait suivant les conditions requises pour sa validité, par exemple, s'il n'a point été constaté par acte notarié (art. 1394, C. Nap.), ou s'il y a été fait des changements après la célébration du mariage (art. 1395, C. Nap.).

La communauté légale s'établit à la suite des mariages contractés par des Français entre eux, ou par des Français avec des étrangères, soit en France, soit à l'étranger.

Dans ce dernier cas, les époux sont censés se marier sous le régime qui forme le droit commun de leur pays. La règle *locus regit actum* n'est point applicable, car elle n'est relative qu'à la forme de l'acte, et ici il s'agit du fond (Durant. 14, n° 88).

Elle s'établit encore à la suite des mariages contractés en France par des étrangers admis à établir leur domicile en France, conformément à l'art. 13 du Code Napoléon, soit avec des Françaises, soit avec des étrangères.

Enfin, il faut, pour que la communauté existe, que le mariage soit valable. Il y a cependant exception dans le cas de mariage putatif (art. 201 et 202, C. Nap.).

Si l'un des époux seulement est de bonne foi, il a le droit d'opter pour la communauté légale, ou pour une société de biens ordinaire. Si les deux époux, étant de mauvaise foi, avaient déclaré adopter le régime de communauté légale, le mariage n'étant pas valable, il n'y aurait point de communauté, mais une simple société de fait (MM. Aubry et Rau, III, § 506).

De ce qui compose la communauté légale.

La communauté, comme toute société, doit avoir des biens. Elle se compose de biens qui lui appartiennent soit en pleine propriété, soit en jouissance seulement.

Les premiers sont désignés sous le nom de biens de communauté, et les seconds sous celui de biens personnels, biens propres, ou propres de communauté. Les biens de communauté constituent l'actif de la communauté. Mais elle a aussi un passif qui est corrélatif à son actif. Nous examinerons successivement ce qui compose l'actif et le passif de la communauté. Et pour en donner une idée plus nette et plus exacte, nous tracerons en regard un tableau succinct des biens propres et des dettes personnelles aux époux.

CHAPITRE PREMIER.

De l'actif de la communauté.

On entend par actif de la communauté la masse des biens, droits et avantages qui profitent à la communauté.

«La communauté se compose activement, dit l'art. 1401 du Code civil :

«1° De tout le mobilier que les époux possédaient à la célébration du mariage; ensemble, de tout le mobilier qui leur échoit pendant le mariage, à titre de succession et même de donation, si le donateur n'a exprimé le contraire ;

«2° De tous les fruits, revenus, intérêts et arrérages, de quelque nature qu'ils soient, échus et perçus pendant le mariage, et provenant des biens appartenant aux époux lors de sa célébration, ou de ceux qui leur sont échus pendant le mariage, à quelque titre que ce soit ;

«3° De tous les immeubles qui sont acquis pendant le mariage.»

SECTION PREMIÈRE.

DU MOBILIER.

La communauté, avons-nous dit, se compose en premier lieu du mobilier des époux, acquis soit antérieurement, soit postérieurement au mariage.

1° *Meubles présents.* — Pour bien comprendre la disposition du premier alinéa de l'art. 1401, il est nécessaire de savoir ce que le législateur entend par meubles.

«Sont meubles les choses pouvant se transporter d'un lieu dans un autre, soit qu'elles se meuvent par elles-mêmes, soit qu'elles puissent changer de place par l'effet d'une force étrangère ; les obligations et actions qui ont pour objet des sommes exigibles ou des effets mobiliers, les actions ou intérêts dans les compagnies de finance, de commerce ou d'industrie, les rentes perpétuelles sur l'État et sur les particuliers» (art. 528 et 529, C. Nap.). Parmi les choses énoncées dans cet article, les unes sont corporelles et meubles par nature, les autres sont incorporelles et meubles par détermination de la loi. Elles sont énumérées dans les art. 528, 529 et suivants du Code Napoléon. Tous ces objets tombent dans la communauté, comme nous allons le voir.

L'application du premier alinéa de l'art. 1401 aux meubles corporels ne souffre pas de difficulté sérieuse. Ils tombent tous dans la communauté. Il y a toutefois exception pour ceux qui ont été immobi-

3

lisés, soit à cause de leur destination, soit à cause de l'objet auquel ils s'appliquent. Tels sont, par exemple, les animaux que le propriétaire livre au fermier pour sa culture (art. 522, C. Nap.); les objets que le propriétaire d'un fonds y a placés pour le service et l'exploitation de ce fonds (art. 524, Rod. et Pont. I, 314, 322. — Dalloz, v° mariag.).

Mais outre les meubles corporels, il y a encore les meubles incorporels, dont l'existence n'est perçue que par l'intelligence. Telles sont les actions qui tendent à procurer une chose à laquelle on a droit par suite d'un contrat, d'une promesse, d'une obligation. Quoique leur nature ne place ces objets ni parmi les meubles, ni parmi les immeubles, les art. 526, 529 et suivants du Code Napoléon les ont cependant rangés tantôt parmi les meubles, tantôt parmi les immeubles. La classe à laquelle ils doivent appartenir se détermine par leur objet et non point par leur cause. Ils sont mobiliers ou immobiliers suivant que l'objet auquel ils tendent est meuble ou immeuble. Peu importe qu'il s'agisse de prêt, de vente, de société ou de transaction; cela ne change point leur nature (Durant. 14, n° 111).

D'après cela, on doit ranger parmi les meubles l'usufruit ou l'usage d'une chose mobilière, les actions tendant à une chose mobilière. Au contraire, seront immeubles les droits et actions qui ont pour objet une chose immobilière ou reposent sur un immeuble.

L'art. 1401 ne faisant aucune distinction entre les meubles corporels et les meubles incorporels, on doit considérer comme tombant dans la communauté :

1° Les créances. La loi ne parle que de celles qui sont exigibles, mais ce n'est pas dans un sens restrictif. Ainsi les créances à terme, pourvu qu'elles aient pour objet une chose mobilière, tombent dans la communauté. Peu importe qu'elles soient ou non garanties par hypothèque. L'hypothèque, en effet, n'est que l'accessoire de la créance et ne doit point en changer la nature.

2° Les créances conditionnelles. La condition, quand elle s'accomplit, a un effet rétroactif. Par exemple; l'un des époux avant le mariage vend l'un de ses immeubles sous condition. Si la condition se réalise, la vente aura été parfaite du jour où elle a été consentie, et à dater de ce jour, l'époux vendeur aura eu un droit de créance qui sera tombé dans la communauté par le mariage. Au contraire, si la condition ne s'accomplit pas, l'époux n'aura jamais eu droit au prix de vente. Il n'a donc pu transmettre un droit qu'il n'avait pas.

3° Le prix encore dû d'un immeuble vendu avant le mariage. Mais en sera-t-il de même si l'immeuble a été vendu dans l'intervalle du contrat de mariage à sa célébration? Non, sans doute. Car cette alié nation apporterait un changement aux conventions matrimoniales, qui doivent être immuables. Ce qui était immeuble au moment du contrat ne peut devenir meuble par un fait postérieur (MM. Aubry et Rau, III, § 507).

4° La somme d'argent due pour retour d'un partage d'immeubles.

5° L'action en délivrance d'arbres vendus sur pied. Car ils ne doivent être acquis à l'acheteur que quand ils auront été séparés du fonds, et alors ils seront mobiliers.

6° La créance qui a pour objet des choses mobilières et immobilères, mais seulement jusqu'à concurrence du mobilier auquel elle donne droit. La partie immobilière reste propre. *Qui enim actionem habet, ipsam rem habere videtur.*

7° Mais qu'arrivera-t-il si la créance est alternative et a pour objet une chose mobilière et une chose immobilière? Tombera-t-elle en communauté? Cette question ne peut être résolue qu'après le paiement. Jusque-là le droit est incertain. Mais lorsqu'il aura été effectué, la chose donnée en paiement tombera en communauté ou sera propre, suivant qu'elle sera mobilière ou immobilière.

Il n'en est pas de même d'une créance facultative. Dans ce cas, en effet, il n'y a dès l'origine qu'une seule chose due, seulement le débiteur a le choix de se libérer en payant soit cette chose, soit une autre au lieu et place de la première. C'est la nature de la chose due primitivement qui détermine la qualité de la créance, et quand même le débiteur donnerait en paiement la chose stipulée *facultate solutionis*, la nature de la créance ne changerait pas. Il résulte de là que si l'objet primitif est mobilier, la créance tombera toujours dans la communauté.

Ainsi, je suis institué légataire de 3000 francs, mais l'héritier du défunt a la faculté de se libérer en m'abandonnant tel immeuble désigné. Si au lieu de me donner les 3000 fr., il me livre l'immeuble, il n'en profitera pas moins à la communauté. Réciproquement, si le legs consiste en immeubles, l'objet même mobilier donné en paiement restera propre.

8° L'obligation de faire portant sur un objet mobilier. Le débiteur ne peut jamais être contraint à exécuter une obligation de faire. *Nemo precise cogi potest ad factum.* Mais en cas d'inexécution il sera condamné à des dommages-intérêts (art. 1142, C. Nap.). Au point de vue qui nous occupe, il faut distinguer le cas où, à l'époque de la célébration du mariage, l'obligation s'était déjà résolue en dommages-intérêts, de celui où elle existait encore dans sa nature primitive. Dans le premier cas, la créance est une somme d'argent, et tombe en communauté (Pothier, de la com., n° 72). Dans le second cas, il y a encore une sous-distinction à établir. Si l'obligation de faire a pour objet une chose mobilière, elle profite à la communauté. Si, au contraire, l'objet est immobilier, elle reste propre (Rod. et Pont., I, 336).

9° Le droit de bail stipulé au profit de l'un des époux avant le mariage. Le bail a, en effet, pour objet un fait : percevoir les fruits. Or, par la perception, les fruits deviennent meubles. A la dissolution du mariage, la veuve qui accepte la communauté peut faire diviser la jouissance des terres entre elle et les héritiers du mari, malgré le propriétaire.

Réciproquement, le propriétaire peut l'obliger à continuer le bail. Lorsque le bail a été passé avec la femme, et qu'elle renonce à la communauté, il reste à la charge des héritiers du mari, mais la femme n'est point déchargée à l'égard du propriétaire (Toullier, 12, n°ˢ 106, 107).

Il en est ainsi des baux à ferme ou à loyer, quel que soit le temps pour lequel ils ont été concédés. Quant au droit d'usufruit, d'usage ou d'habitation, ce sont des droits immobiliers qui, par conséquent, restent propres aux époux.

10° Les actions et intérêts dans les compagnies de finance, de commerce et d'industrie (art. 529 et 1401 comb.).

On entend par action ou intérêt le droit qu'a un associé à une fraction de l'actif actuel de la société, et du bénéfice à réaliser. L'intérêt est le genre, l'action est l'espèce. Tous les associés sont intéressés, mais ils ne sont pas tous actionnaires.

Lorsque la société ne possède que des meubles, les actions ou intérêts en sont nécessairement mobiliers et passent à la communauté. Mais en est-il de même si la compagnie possède des immeubles? La question se trouve résolue par l'art. 529 du Code Napoléon : «Les actions ou intérêts dans les compagnies de finance, de commerce et d'industrie sont mobiliers, encore que des immmeubles dépendants de ces entreprises appartiennent aux compagnies.» La nature d'un droit, nous l'avons dit, se détermine par son objet. Or, l'objet est de se procurer des bénéfices; les immeubles ne sont que des instruments. Ces actions et intérêts doivent donc entrer dans la communauté. Si, à la dissolution de la société, des immeubles sont donnés à l'associé en représentation de ses droits, ils n'en profiteront pas moins à la communauté. Ces droits étaient mobiliers avant le mariage, ils doivent rester tels après le mariage, malgré la substitution qui est opérée. Si la société était déjà dissoute à l'époque du mariage, la part échue à l'associé tomberait ou non dans la communauté, suivant qu'elle consisterait en meubles ou en immeubles.

Toutefois, hâtons-nous de dire que ces règles ne s'appliquent qu'aux sociétes commerciales. Quant aux sociétés civiles, elles ne constituent point un être moral distinct de la personne des associés. Chacun des associés est donc copropriétaire du fonds social et a un droit immobilier sur les immeubles que la société peut posséder. Ce droit ne passera donc point à la communauté. Si la société civile se compose de meubles uniquement, ou pour partie seulement, les droits de l'associé tomberont en tout ou en partie dans la communauté (Rod. et Pont., I, 340, 342).

Par exception au principe posé par l'art. 529, les actions de la Banque de France et des canaux d'Orléans et de Loing ne sont pas toujours mobiliers. D'après les décrets des 16 janvier 1808 et 16 mars 1810, ces actions peuvent être immobilisées par la volonté du propriétaire. Or, si l'immobilisation a eu lieu avant le mariage, elles seront exclues de la communauté.

11° Les rentes perpétuelles ou viagères, soit sur l'État, soit sur des particuliers. Ces rentes sont comprises dans l'actif de la communauté, non-seulement quant aux arrérages, mais encore quant au capital. Il faut cependant en excepter les rentes sur l'État immobilisées pour constituer un majorat, avant la loi de 1835 qui les interdit. Nous dirons la même chose des soldes de retraite, traitements de réformes et pensions de la Légion-d'Honneur qui sont incessibles et insaisissables, et ne tombent par suite en communauté que pour les arrérages.

12° Les fonds de commerce et les marchandises qu'ils renferment tombent aussi comme objets immobiliers dans la communauté.

13° La valeur vénale des offices. La loi du 28 avril 1816 ayant rétabli la vénalité des offices, en statuant : que les notaires, greffiers, agents de change, etc., pourront à l'avenir présenter leurs successeurs, moyennant un prix, à l'agrément du souverain, la valeur vénale de ces offices tombera en communauté. Le droit de présentation du titulaire n'a pour objet que la finance ou prix de l'office, qu'il est autorisé à exiger pour présenter le candidat ; quant au titre, c'est le souverain qui le confère.

Or, la finance est un objet mobilier auquel l'art. 1401 est applicable. Le mari devrait donc à la dissolution de la communauté vendre son office pour en partager le prix avec la femme ou ses héritiers. Mais comme la valeur vénale seule et non le titre entre en communauté, on ne peut l'obliger à le vendre. Il faut, en pareil cas, se contenter d'un arrangement à l'amiable (notes du cours de M. Aubry).

14° La propriété des œuvres artistiques, littéraires et industrielles. La communauté profitera non-seulement du produit des éditions d'ouvrages, ou des œuvres d'art faits avant ou pendant le mariage, mais encore du prix de leur cession. A la dissolution du mariage, le droit de propriété se divisera de plein droit entre l'époux survivant et les héritiers de l'autre. Ce droit leur est garanti pendant un temps fixé par la loi. Il n'en était point ainsi, d'après Pothier, sous l'empire de la législation ancienne. La première disposition législative qui régla cette matière est la loi du 19 janvier 1791 qui limite le droit de propriété des auteurs à 5 ans. Ce droit fut successivement étendu à 10 années par la loi du 19 juillet 1793, et à 20 par le décret du 5 février 1810. La veuve de l'auteur mariée sous le régime de communauté légale jouira du droit de propriété pendant toute sa vie, et leurs héritiers pendant 20 ans (art. 37 du décret précité; Dur. 14, 131).

2° *Meubles futurs.* — La communauté se compose encore activement des meubles acquis pendant le mariage. C'est ce qui résulte de l'art. 1401, alinéa 1er : «...Ensemble de tout ce qui leur échoit pendant le mariage, à titre de succession ou même de donation, si le donataire n'a exprimé le contraire.» Ainsi les successions mobilières recueillies durant le mariage par l'un des époux profiteront à la communauté. Mais que déciderons-nous si la succession est composée à la fois de meubles et d'immeubles ? La partie mobilière seule entrera en communauté; les immeubles resteront propres. Ce que nous disons ici des successions doit s'appliquer aussi aux donations, sauf la restriction posée par l'art. 1401.

La loi ne parle que de ces deux modes d'acquérir pendant le mariage des objets mobiliers. Faut-il en conclure que ceux-là seuls profitent à la communauté ? Nous ne le pensons pas. En effet, les successions et les donations sont des modes exceptionnels d'acquérir. On doit donc penser que si la loi fait entrer en communauté les objets acquis par ces deux moyens, à plus forte raison doit-on y faire tomber ceux qui le sont par les modes ordinaires (MM. Aubry et Rau, III, § 507). La communauté se compose donc de tout le mobilier acquis par les époux pendant le mariage, soit à titre gratuit, soit à titre onéreux. Il y a toutefois exception à cette règle, comme nous le verrons plus loin, lorsque les meubles acquis sont subrogés à un propre. Enfin la communauté profitera encore de la découverte d'un trésor, du gain d'un pari, d'un jeu, d'une loterie.

SECTION II.

DES FRUITS ET REVENUS.

Les fruits étant destinés à soutenir les charges du mariage devaient tomber en communauté. C'est ce qui a été consacré par l'alinéa 2 de l'art. 1401 : «...De tous les fruits, revenus, intérêts et arrérages de quelque nature qu'ils soient, échus ou perçus pendant le mariage, et provenant des biens qui appartenaient aux époux lors de sa célébration, ou de ceux qui leur sont échus pendant le mariage.» Avant de développer cet article, disons d'abord que les règles relatives à la perception des fruits en matière d'usufruit, sont également applicables en matière de communauté. Cette règle n'est cependant pas sans exceptions. Nous en parlerons plus loin.

On appelle fruits les produits qu'une chose donne ou est destinée à donner à des intervalles de temps périodiques et plus ou moins rapprochés. Tels sont les arrérages de rentes, les coupes de bois, le blé, le foin. Il y a trois espèces de fruits : les fruits naturels, les fruits industriels et les fruits civils.

Les fruits naturels sont ceux qui sont le produit spontané de la terre. Les fruits industriels sont ceux que l'on obtient par la culture d'un fonds (art. 583, C. Nap.); les fruits civils sont le produit d'une chose incorporelle (art. 584). Au point de vue qui nous occupe, il y a une distinction à établir entre les fruits naturels et civils pour la manière dont ils s'acquièrent. Les fruits industriels se confondent avec les fruits naturels (Rod. et Pont. I, 379).

Les fruits naturels s'acquièrent par la perception. La communauté se compose de tous les fruits *perçus,* dit la loi. Les fruits sont réputés perçus, dès qu'ils sont séparés du sol. La simple séparation les fait passer à la communauté (art. 585, C. Nap.). La communauté perçoit donc les fruits encore pendants par branches ou par racines au moment où elle s'établit, et ceux qu'elle recueille pendant le mariage, sans récompense à l'époux propriétaire. Quant à ceux qui sont encore pendants par branches ou par racines au moment de la dissolution du mariage, ils restent propres à l'époux propriétaire du fonds. Mais dans ce cas, et par dérogation aux règles générales en matière d'usu-fruit, la communauté a droit, de la part du propriétaire, à récom-pense pour les frais de semence et de labour (arg., art. 1437, C. Nap.). Cependant la communauté peut n'être pas déchue de son droit, quand même les fruits n'ont point encore été récoltés à sa dissolution. Il en est ainsi, par exemple, lorsqu'une coupe de bois ou une récolte n'a point été faite à l'époque voulue, soit qu'elle ait été retardée par suite de force majeure, soit en fraude des droits de la femme. L'époux propriétaire en doit récompense à la communauté. Il en serait de même si le mari avait fait une récolte anticipée, pour frustrer les hé-ritiers de sa femme, atteinte d'une maladie mortelle (Pothier, Trait. de la comm., n⁰ˢ 210 et 211).

«Les fruits civils, dit l'art. 580, sont réputés s'acquérir jour par jour, et appartiennent à l'usufruitier à proportion de la durée de son usufruit.» Cette règle est applicable à la communauté légale. Elle profite donc des fruits, indépendamment de toute perception ou échéance des termes de paiement. Il en est ainsi des loyers des mai-sons, du prix des baux à ferme, des intérêts et arrérages de rentes. Mais si les fruits civils s'acquièrent jour par jour, le jour lui-même ne se fractionne pas.

Jusqu'ici nous n'avons parlé que des fruits ordinaires. Cependant

4

la communauté a aussi droit , dans une certaine mesure , aux fruits extraordinaires, d'après l'art. 1403 : «Les coupes de bois et les produits des carrières et mines tombent dans la communauté pour tout ce qui en est considéré comme usufruit, d'après les règles expliquées au titre de l'usufruit, de l'usage et de l'habitation.» La communauté profite donc des coupes de bois taillis ou de haute futaie, qui se font suivant un aménagement régulier ou l'usage constant des propriétaires. Mais la communauté n'a pas droit aux coupes non aménagées; si elle en a profité, elle doit récompense à l'époux propriétaire du fonds dont les arbres sont censés faire partie (art. 592 et 1437, C. Nap.; Rod. et Pont., I, 392-395).

Les produits des mines et carrières tombent aussi en communauté pour tout ce qui en est considéré comme usufruit. «L'usufruitier, dit l'art. 598, jouit, de la même manière que le propriétaire , des mines et carrières qui sont en exploitation avant l'ouverture de l'usufruit.» Il en est de même de la communauté. Mais si les carrières et mines ne se sont ouvertes que postérieurement au mariage, le produit en est exclu de la communauté (art. 1403 et 598 comb.). Si donc la communauté en a profité, elle devra récompense à l'époux propriétaire du fonds.

TROISIÈME SECTION.

DES CONQUÊTS IMMEUBLES.

La communauté légale se compose, en troisième lieu, des immeubles acquis pendant le mariage (art. 1401, al. 3). On les appelle acquêts ou conquêts (art. 1402 et 1408). «Tout immeuble est réputé acquêts de communauté, s'il n'est prouvé que l'un des époux en avait la propriété ou possession légale, antérieurement au mariage, ou qu'il lui est échu à titre de succession ou de donation» (art. 1402, C. Nap.). Il résulte de cet article qu'il faut deux conditions pour qu'un immeuble entre en communauté : 1° qu'il soit acquis pendant le mariage;

2° qu'il soit acquis à titre onéreux. Ceux que les époux possèdent au jour du mariage, ou qu'ils acquièrent pendant le mariage à titre gratuit, restent propres. Cependant l'art. 1404 contient une exception à cette règle. «Si l'un des époux avait acquis un immeuble depuis le contrat de mariage, contenant stipulation de communauté, et avant la célébration du mariage, l'immeuble acquis dans cet intervalle entrerait dans la communauté, à moins que l'acquisition n'ait été faite en exécution du contrat de mariage, auquel cas elle serait réglée suivant la convention.»

Mais il faut pour cela que l'immeuble ait été acquis au moyen de valeurs destinées à tomber en communauté. Cette disposition a pour but d'empêcher la fraude par laquelle l'un des époux frustrerait la communauté, en transformant en immeuble le mobilier qui entrerait en communauté. Mais c'est là une exception, et elle doit être interprétée restrictivement, *exceptio est strictissimæ interpretationis*. Il ne faut donc point l'appliquer à la communauté qui s'est établie de plein droit par défaut de contrat.

Il faut en second lieu, disions-nous, que l'immeuble soit acquis à titre onéreux. Les immeubles acquis par succession sont absolument exclus de la communauté. En règle générale, on doit en dire autant de ceux qui sont acquis à titre de donation ou legs. Cependant il n'en est pas toujours ainsi. Ils profitent à la communauté, lorsque la donation le stipule expressément (art. 1405, C. Nap.).

A la dissolution de la communauté, tous les immeubles qui existent parmi les biens des époux sont réputés conquêts. La présomption est donc en faveur de la communauté. Mais elle cède devant la preuve contraire, c'est-à-dire devant la preuve de propriété ou de possession légale antérieure au mariage. La possession doit réunir les conditions requises par l'art. 2229. Mais il n'est pas nécessaire qu'elle ait duré un an avant le mariage (notes du cours de M. Aubry).

Des biens propres des époux.

Après avoir parlé des biens qui tombent en communauté, nous allons maintenant examiner quels sont ceux qui restent propres aux époux et dont la communauté n'a que la jouissance. Nous les distinguerons en propres mobiliers et en propres immobiliers.

I. *Des propres mobiliers.*

Nous avons établi qu'en règle générale tous les biens meubles que les époux possèdent au jour du mariage ou acquièrent pendant sa durée, tombent dans la communauté. Il y a cependant des exceptions à cette règle. Ainsi restent propres aux époux :

1° Les rentes incessibles soit par la volonté des parties, comme les rentes viagères, soit par la volonté de la loi, comme les soldes de retraite, les pensions de la Légion-d'Honneur.

2° Les fractions détachées d'un propre, lorsqu'elles n'ont pas le caractère de fruits. Tels sont les produits des coupes extraordinaires de bois, des mines et carrières. Nous en avons déjà parlé.

3° Les meubles ou valeurs mobilières substituées pendant la communauté à un propre. Il serait injuste, en effet, que la communauté s'enrichît de la valeur d'un objet primitivement exclu de la communauté. Si donc un immeuble propre vient à être vendu pendant la communauté, la créance du prix de cet immeuble, quoique mobilière, restera propre à l'époux propriétaire de l'immeuble. La soulte en retour du partage d'une succession immobilière échue durant le mariage reste propre aussi. Il en est de même du supplément de prix payé à l'un des époux pour un immeuble échangé contre un autre de moindre valeur. Mais lorsqu'un immeuble est vendu à vil prix, et qu'ensuite l'acheteur, contre qui le vendeur intente une action en rescision, paye un supplément de prix, ce supplément entre-t-il en communauté ? Nous ne le pensons pas. Car le but de l'action en rescision est de faire restituer l'immeuble, et non de faire payer un supplément de prix. Et si la loi permet à l'acheteur de se libérer en payant ce supplément, ce n'est qu'une faculté. L'action en rescision est immobilière, et l'objet auquel elle tend doit rester propre (Rod. et Pont., I, 433).

4° Les objets donnés ou légués à l'un des époux à condition qu'ils ne profiteront point à la communauté (art. 1401, al. 1er).

La volonté des parties fait loi entre elles.

II. *Des propres immobiliers.*

Nous avons vu que le troisième élément de la communauté consiste dans les acquisitions d'immeubles faites pendant le mariage à titre onéreux. Cela exclut donc :

1° Les immeubles dont il est prouvé que les époux avaient la propriété ou la possession légale avant le mariage (art. 1404, C. Nap.). Il suffit pour que la présomption établie par l'art. 1404 fléchisse, que l'époux administre un titre de propriété, quand même il ne détiendrait pas actuellement l'immeuble. Nous avons parlé plus haut de la possession légale. Cette règle s'applique à tous les immeubles indistinctement.

2° Ceux qui sont échus à l'un des époux pendant le mariage à titre de succession ou de donation. Il faut ranger dans cette catégorie :

1° Les accessions et incorporations à un immeuble, en vertu du principe : *accessorium sequitur principale*, les augmentations résultant du travail ou de l'industrie humaine (art. 551, C. Nap.).

2° Les successions immobilières échues pendant le mariage à l'un ou à l'autre des époux (art. 1404, 1405).

La règle est absolue et ne cède que devant la volonté contraire et expresse du donateur ou testateur. Elle s'applique à tous les titres lucratifs : succession ascendante ou descendante, retour légal, retrait successoral (Rod. et Pont., 460, 461).

La règle posée par l'art. 1404 reçoit une application spéciale dans l'art. 1406. Voici le texte : «L'immeuble cédé ou abandonné par père, mère ou autre ascendant, à l'un des deux époux, soit pour le remplir de ce qu'il lui doit, soit à la charge de payer les dettes du donateur, à des étrangers, n'entre point en communauté, sauf récompense ou indemnité.» Cet article prévoit deux cas : celui où l'ascendant, disposant par anticipation d'une partie de sa succession, cède une chose en paiement de ce qu'il doit au cessionnaire ; et celui où il impose au cessionnaire l'obligation de payer les dettes que, lui cédant, a contractées avec des tiers.

A. Lorsqu'un père abandonne une chose par anticipation à son fils dont il est débiteur, ce n'est point une donation, mais simplement une *datio in solutum.* Cependant, en raison de la qualité des parties, cet arrangement est regardé comme un accommodement de famille, comme un avancement de succession (Pothier, de la com., 139). Or, les biens qui échoient à titre de succession n'entrant point en communauté, la chose abandonnée n'y doit point entrer, quelle que soit la nature de la dette.

B. Lorsque l'ascendant abandonne tout ou partie de ses biens à l'un des époux pendant le mariage, à charge de payer les dettes qu'il a envers des étrangers, l'immeuble cédé reste encore propre. En effet, quoique cette cession soit onéreuse, elle est néanmoins considérée comme une succession anticipée et à ce titre doit rester propre. Mais l'article ajoute : sauf récompense ou indemnité. Si la communauté a fait des dépenses pour acquitter la dette, elle doit naturellement en être dédommagée.

La disposition de l'art. 1406 est exceptionnelle et limitative. Elle ne serait donc plus applicable si le cédant était autre qu'un ascendant, ou si cet ascendant n'était pas débiteur (Rod. et Pont., I, 466).

En disant que les donations faites à l'un des époux pendant le mariage ne tomberont point en communauté, l'art. 1405 semblerait faire entendre que si, au contraire, elles sont faites aux deux époux conjointement, elles entreront en communauté. Cependant on ne peut admettre une pareille doctrine; les conséquences en seraient contraires à l'équité. Si en effet l'immeuble donné tombait en communauté, le mari pourrait l'aliéner sans le consentement de la femme. D'autre part, si à la dissolution de la communauté la femme renonçait, elle perdrait la moitié de l'immeuble à laquelle elle a droit. Cela serait contraire à la volonté du donateur, qui a voulu avantager également les deux époux. C'est, du reste, en faveur de cette opinion que la plupart des auteurs et la jurisprudence se sont prononcés.

3° Certaines acquisitions faites pendant le mariage, quoiqu'à titre onéreux. C'est une importante dérogation à l'art. 1401, suivant lequel tout immeuble acquis à titre onéreux durant le mariage tombe en communauté. Elle a lieu dans deux cas, prévus par les art. 1407 et 1408 du Code Napoléon.

1° Par subrogation à un propre aliéné, d'un immeuble acquis en remplacement. L'immeuble acquis pour en remplacer un autre qui était propre et a été aliéné, reste propre aussi. *Subrogatum capit substantiam subrogati.* Il y a subrogation en cas d'échange et de remploi (Rod. et Pont., I, 497).

A. *Echange.* — «L'immeuble acquis pendant le mariage à titre d'échange contre l'immeuble appartenant à l'un des deux époux, n'entre point en communauté, et est subrogé aux lieu et place de celui qui a été aliéné, sauf la récompense s'il y a soulte» (art. 1407). L'immeuble aliéné était propre, l'immeuble qui le remplace doit l'être aussi ; car il n'a point été acquis des deniers communs. Seulement si la communauté a payé une soulte, elle a droit à récompense. Si, au contraire, c'est elle qui a reçu la soulte, elle en doit récompense au propriétaire de l'immeuble. Il en est de même du meuble acquis en échange d'un immeuble (arg., art. 1433. — Poth., de la comm., 197. — Tropl. 638).

B. *Remploi.* — Opérer le remploi, c'est remplacer un immeuble dénaturé ou aliéné, appartenant à l'un des époux, par un autre immeuble qui sera propre aussi, en déclarant que l'immeuble acquis a été payé des deniers résultant de la vente de celui qu'il est destiné à remplacer. Le remploi est facultatif et obligatoire.

A. *Remploi facultatif.* — Quant à la manière dont le remploi facultatif s'opère, il y a une distinction à établir. 1° Lorsque l'immeuble appartient au mari, il doit, en achetant l'immeuble destiné à remplacer celui qui a été vendu, déclarer que l'acquisition est faite des deniers provenus de l'aliénation de l'immeuble qui lui était propre, et pour lui tenir lieu de remploi (art. 1434). Cette double déclaration est nécessaire. Elle doit être faite *in continenti* dans le contrat d'acquisition, sous peine de nullité. 2° Lorsque l'immeuble est propre à la femme, la double déclaration mentionnée plus haut est encore nécessaire, mais elle ne doit plus être faite *in continenti*.

La fraude du mari n'est plus à craindre. Mais il faut de plus que dans le premier cas, l'acceptation du remploi par la femme. Cette acceptation n'a pas besoin d'être donnée au moment de l'acquisition, mais elle doit l'être avant la dissolution du mariage (arg., art. 1435), sinon, la femme n'a plus droit qu'à la récompense du prix de son immeuble vendu.

Comment cette acceptation doit-elle être donnée? Si la femme est présente au contrat, elle doit immédiatement déclarer accepter ; l'immeuble devient aussitôt propre. Si l'acceptation est postérieure au contrat, elle peut se donner par acte authentique, sous seing privé ou de quelque manière que ce soit, pourvu qu'elle soit formelle. Dans ce cas, aura-t-elle un effet rétroactif? Oui, à l'égard des époux. Mais il n'en est pas ainsi vis-à-vis des tiers. Si avant l'acceptation le mari a aliéné ou grevé l'immeuble de servitudes ou hypothèques, la femme n'aura aucun recours à exercer envers les tiers.

B. *Remploi obligatoire ou conventionnel.* — C'est celui qui est imposé par le contrat de mariage même au mari, au cas où il aliénerait un des propres de la femme, soit que ce propre soit mobilier ou immobilier. Si l'objet est mobilier, cette clause est spécialement appelée clause d'emploi. Le remploi conventionnel s'opère suivant les règles établies plus haut pour le remploi facultatif. Ordinairement le premier conquêt fait après l'aliénation d'un propre le remplace. Cependant la femme ne peut pendant le mariage forcer le mari à effectuer le remploi.

Un pareil droit accordé à la femme entraverait la bonne administration du mari. Elle a d'ailleurs d'autres moyens de sauvegarder ses intérêts : l'hypothèque légale, le droit de demander la séparation de biens et son recours contre la communauté. Les tiers sont-ils responsables de l'accomplissement du remploi? Nous ne le pensons pas. Il est vrai qu'il en est ainsi sous le régime dotal; mais c'est que dans ce cas l'inaliénabilité des biens de la femme est la règle. Ici, au contraire, ils sont aliénables (Rod. et Pont., I, 516 et suiv.).

2º Par la réunion à un propre d'une part indivise du même fonds. L'art. 1408 dispose : «L'acquisition faite pendant le mariage, à titre de licitation ou autrement, de portion d'un immeuble dont l'un des époux était propriétaire par indivis ne forme point un conquêt; sauf à indemniser la communauté de la somme qu'elle a fournie pour cette acquisition. Dans le cas où le mari deviendrait seul, ou en son nom personnel, acquéreur ou adjudicataire de portion ou de la totalité d'un immeuble appartenant par indivis à la femme, celle-ci, lors de la dissolution de la communauté, a le choix ou d'abandonner l'effet à la communauté, qui devient alors débitrice envers la femme de la portion appartenant à celle-ci dans le prix, ou de retirer l'immeuble en remboursant à la communauté le prix de l'acquisition.» Cette règle est basée sur cette idée que l'immeuble acquis par l'un des copropriétaires est censé passer pour la totalité aux mains de l'acquéreur, et au même titre que la part qu'il possédait primitivement.

Mais l'application de notre article suppose plusieurs conditions. Il faut :

1º Que l'indivision existe réellement. Peu importe, du reste, que la portion acquise soit plus ou moins considérable que celle que l'époux possédait déjà. Il est indifférent aussi de savoir quelle est l'origine de l'indivision : succession, testament, achat.

2° Que l'indivision cesse par l'acquisition de toutes les parts indivises. Mais elle peut cesser par licitation, vente, cession ou transaction, peu importe. Lorsque c'est le mari qui achète en son nom l'immeuble indivis, il doit récompense à la communauté de ce qu'elle a payé pour lui. Si cet immeuble, acquis par le mari en son nom, appartenait à la femme, celle-ci a le choix de le garder ou de l'abandonner à la communauté. Cette disposition a été établie en faveur de la femme, afin que le mari ne pût la tromper en lui imposant un marché onéreux. Pour que la femme jouisse du droit d'option, il faut que l'acquisition porte sur tout ou partie d'un immeuble par indivis et déterminé, et qu'elle soit faite à titre onéreux. Cela résulte de l'art. 1408 qui exige qu'en cas de retrait la femme rembourse le prix d'acquisition (Durant., 14, 202). Il faut enfin que le mari ait fait l'acquisition en son nom personnel. Si la femme présente au contrat a déclaré l'accepter pour elle, elle ne peut plus revenir sur sa détermination. Il suffirait même pour cela qu'elle ait concouru à l'acte, ou donné à son mari plein pouvoir d'agir pour elle. Doit-on restreindre le droit d'option à la femme? Nous croyons qu'il faut aussi l'accorder à ses héritiers (arg. art. 724, C. Nap.). Mais l'étendra-t-on à ses créanciers? Il est vrai que ce droit accordé à la femme est un privilége; mais il est des priviléges, comme l'hypothèque de la femme et du mineur, qui peuvent être exercés par les créanciers. Il doit en être de même ici. Ce droit est une garantie pour la femme contre la mauvaise administration du mari; il est fondé sur un intérêt pécuniaire; pourquoi donc le refuser aux créanciers? Du reste, ils n'en jouiront que dans le cas où la femme n'en userait pas (MM. Aubry et Rau, II, p. 339; Rod. et Pont., I, 494).

Le droit d'option ne s'ouvre qu'à la dissolution du mariage (art. 1408, C. Nap.). Ce bénéfice, s'exerçant pendant le mariage, eût été le plus souvent illusoire. Placée sous la dépendance du mari, le choix de la femme eût été dirigé et déterminé par lui.

Dans quel délai la femme devra-t-elle opter? On ne peut, en tous cas, lui accorder trente ans. Ce serait consacrer un état d'indivision pire que le premier. Et puis, l'immeuble resterait aux risques et périls du mari, ou de ses héritiers, tandis que la femme profiterait seule de son augmentation de valeur. Ce serait une injustice. Une opinion plus conforme à l'équité, c'est que le mari est fondé à sommer la femme de choisir lors de la dissolution de la communauté. Mais s'ils n'usent pas de ce droit, la femme a 30 ans pour opter (Durant., art. 210.)

Le retrait est rétroactif, et fait par conséquent évanouir les actes d'aliénation ou de disposition consentis par le mari au sujet de l'immeuble qui fait l'objet du retrait.

CHAPITRE II.

Du passif de la communauté.

«La communauté se compose passivement, dit l'art. 1409 : 1° de toutes les dettes mobilières dont les époux étaient grevés au jour de la célébration de leur mariage, ou dont se trouvent chargées les successions qui leur échoient durant le mariage, sauf la récompense pour celles relatives aux immeubles propres à l'un ou à l'autre des époux; 2° des dettes, tant en capitaux qu'arrérages et intérêts, contractées par le mari pendant la communauté, ou par la femme du consentement du mari, sauf la récompense dans le cas où elle a lieu; 3° des intérêts ou arrérages seulement des rentes ou dettes passives qui sont personnelles aux deux époux; 4° des réparations usufructuaires des immeubles qui n'entrent point en communausé; 5° des aliments des époux, de l'éducation et entretien des enfants, et de toute autre charge du mariage.»

Nous suivrons la même marche que cet article, dans le développement des règles relatives à la composition du passif de la communauté; et nous diviserons ce chapitre en six sections.

SECTION PREMIÈRE.

DETTES MOBILIÈRES ANTÉRIEURES AU MARIAGE.

L'universalité des objets mobiliers appartenant aux époux au jour du mariage, tombant dans la communauté, il est juste d'y faire entrer aussi les dettes mobilières antérieures au mariage. Cette disposition est générale. Elle est applicable quand même les dettes d'un époux seraient supérieures à la valeur de son mobilier et même de ses immeubles. Il y a cependant une distinction à établir entre les dettes du mari et celles de la femme. Le mari étant administrateur de la communauté, et pouvant seul l'engager, les créanciers qui le poursuivent n'ont pas à examiner si la dette est antérieure ou postérieure au mariage. En effet, est-elle antérieure ? Elle tombe en communauté, en vertu du 1er al. de l'art. 1409. Est-elle postérieure ? Elle y tombe parce que le mari, comme administrateur, engage la communauté. Il n'en est pas de même à l'égard de la femme. Etant soumise à l'autorité maritale, elle ne peut engager la communauté qu'avec l'autorisation du mari. Il est donc important de savoir à quelle époque les dettes ont été contractées : car la communauté n'en sera point tenue si elles sont postérieures au mariage. Pour empêcher la femme de se soustraire à la loi de l'autorisation et de faire tomber ses dettes dans la communauté au moyen d'une antidate, l'art. 1410 porte que : «La communauté n'est tenue des dettes mobilières contractées avant le mariage par la femme, qu'autant qu'elles résultent d'un acte authentique antérieur au mariage, ou ayant acquis date certaine, soit par l'enregistrement, soit par la mort d'un ou plusieurs signataires dudit acte.» Cet article n'est pas limitatif. On peut encore prouver l'antériorité de la dette par acte sous seing privé, par témoins s'il s'agissait d'une somme inférieure à 150 francs. La loi n'indique que deux manières de donner date certaine à l'acte sous seing privé. Mais on peut y en ajouter une troisième, mentionnée dans l'art. 1328 du Code Napoléon. Un acte sous seing privé acquiert encore date certaine, lorsqu'il est relaté en substance dans des actes dressés par des officiers de l'état civil (Rod. et Pont, I, 528 et suivants).

Si le titre des créanciers est exécutoire contre la femme, il l'est également contre le mari. Mais l'exécution ne peut être poursuivie qu'autant qu'il a été averti huit jours auparavant (arg. art. 877, C. Nap.). Les créanciers ne peuvent agir contre la communauté que quand leurs titres ont acquis date certaine avant le mariage. Mais la femme n'est pas pour cela déchargée entièrement. Le créancier peut poursuivre son paiement contre elle, sur la nue propriété de ses immeubles personnels. Quant à la jouissance, elle appartient au mari. Il suit de là qu'en fait, la femme peut engager la nue propriété de ses immeubles pendant le mariage sans l'autorisation de son mari. Il lui suffit d'antidater un acte. Mais elle est admise ainsi que le mari à prouver la fraude qui a été commise (Rod. et Pont. I, 533).

Le mari qui prétendrait avoir payé pour sa femme une dette postérieure au mariage, n'en peut demander récompense ni à la femme ni à ses héritiers (art. 1410). En payant cette dette qu'il n'était pas forcé d'acquitter, il est censé reconnaître qu'elle avait réellement été contractée avant le mariage, et qu'elle était, à ce titre, à la charge de la communauté.

Cependant, comme l'un des époux ne peut s'enrichir aux dépens de l'autre, il pourra demander récompense si la dette qu'il a payée n'était pas de nature à tomber en communauté.

L'art. 1409, alinéa 1er, exclut de la communauté les dettes immobilières, antérieures au mariage. Elle doivent, en effet, suivre le sort des immeubles, qui restent propres. Ne sont donc point à la charge de la communauté les dettes qui ont pour objet de délivrer un immeuble, de constituer une hypothèque ou une servitude.

Le premier alinéa de l'art. 1409 ajoute encore : Les dettes mobilières tombent en communauté, sauf récompense pour celles relatives aux immeubles propres à l'un ou à l'autre des époux. Relativement aux créanciers, il n'y a pas à distinguer si les dettes mobilières sont ou non relatives aux immeubles propres des époux. Ils peuvent toutes les poursuivre directement contre la communauté, pourvu qu'elles soient antérieures au mariage. Mais la communauté qui les acquitte en restera-t-elle indéfiniment chargée, sans distinction ? La négative résulte de notre article. Elle ne paie que sauf récompense celles qui sont relatives aux immeubles propres des époux. Telles sont les dettes contractées pour la conservation, l'amélioration ou l'affranchissement de ces immeubles, les dettes du prix de ces immeubles, les soultes de lots en immeubles. Il en est de même des dettes mobilières même relatives à des objets mobiliers qui ne sont point entrés en communauté. Pothier en cite un exemple. C'est la dette qui résulte de la vente, faite par l'un des époux, avant son mariage, d'arbres encore adhérents à son héritage quand il s'est marié (Poth. de la comm., 240).

SECTION II.

DETTES MOBILIÈRES DONT SE TROUVENT CHARGÉES LES SUCCESSIONS ET DONATIONS QUI LEUR ÉCHOIENT PENDANT LE MARIAGE (art. 1409-1418).

Nous allons examiner successivement les dettes qui grèvent les successions mobilières, immobilières et mixtes, au point de vue des rapports de la communauté avec les époux, et de la communauté avec les créanciers.

A. *Rapports de la communauté avec les époux.* — 1° Si la succession est purement mobilière, toutes les dettes, même immobilières, qui la grèvent, tombent en communauté (art. 1411, C. Nap). Il est juste que la communauté qui a l'émolument de la succession, en supporte aussi les charges. *Bona non intelliguntur, nisi deducto a re alieno.*

2° Au contraire, si la succession est purement immobilière, les dettes même mobilières sont exclues de la communauté (art. 1412, C. Nap.).

Mais jusqu'à leur paiement, les intérêts en doivent être acquittés par la communauté, puisqu'elle jouit des fruits des immeubles de la succession,

3° Lorsque la succession est en partie mobilière et en partie immobilière, les dettes dont elle est grevée ne sont à la charge de la communauté que jusqu'à concurrence de la portion contributoire du mobilier dans les dettes, eu égard à la valeur de ce mobilier comparée à celle des immeubles» (art. 1414, C. Nap.). Les dettes se répartissent donc sur les meubles et les immeubles. La portion contributoire du mobilier tombe en communauté, tandis que celle des immeubles est à la charge de l'époux héritier. Un exemple fera comprendre cette idée. Supposons une succession de 90,000 fr. : 30,000 fr. de mobilier et 60,000 fr. de valeurs immobilières. Elle est grevée de 12,000 fr. de dettes. La communauté profitant du tiers de la succession, c'est-à-dire de 30,000 fr., paiera un tiers des dettes ou 4000 fr. S'il arrivait que l'époux auquel échoit une succession se trouvât débiteur de cette succession, il devrait lui faire raison de ce qu'il lui doit. De même, s'il avait une créance contre la succession, celle-ci devrait lui en tenir compte.

Mais comment déterminer la part contributoire qui sera à la charge de la communauté? L'art. 1414 va nous répondre. «Elle se règle d'après l'inventaire auquel le mari doit faire procéder, soit de son chef, si la succession le concerne personnellement, soit comme dirigeant et autorisant les actions de sa femme, s'il s'agit d'une succession à elle échue.» Cet inventaire doit contenir la description et estimation des meubles et un état descriptif des immeubles. C'est une garantie donnée à la femme contre la fraude du mari. «A défaut d'inventaire, et dans tous les cas où ce défaut préjudicie à la femme, elle ou ses héritiers peuvent, lors de la dissolution de la communauté, poursuivre les récompenses de droit, et même faire preuve, tant par titres et papiers domestiques que par témoins, et au besoin par la commune renommée, de la consistance et valeur du mobilier non inventorié» (art. 1415,

C. Nap.). Par titres et papiers domestiques. Ce seraient, par exemple, des obligations prouvant qu'elles étaient les sommes dues à la succession.

Par témoins et commune renommée. La preuve par témoins diffère de la preuve par commune renommée en ce que celle-là repose sur des faits dont les témoins ont eu personnellement connaissance, tandis que celle-ci n'est fondée que sur de simples opinions, sur des rumeurs publiques.

Le mari n'est jamais admis à faire ces preuves; il doit subir les conséquences de sa négligence. Cependant, s'il suppléait à l'inventaire par un autre acte établissant la consistance du mobilier et le montant des dettes, cette preuve pourrait être jugée suffisante.

B. *Rapports de la communauté avec les créanciers.* — Quelle est l'étendue de l'action des créanciers sur les biens de la communauté et sur ceux des époux?

Cette action varie en étendue, suivant que la succession est échue au mari ou à la femme; suivant que la succession échue à la femme a été acceptée avec autorisation du mari ou de justice; suivant qu'il a été ou non fait inventaire (Rod. et Pont., I, 572).

1° Succession purement mobilière. Lorsque la succession est échue au mari, les créanciers peuvent agir sur les biens de la communauté et sur les biens du mari. Toutefois, dans ce dernier cas, il a droit à récompense de la part de la communauté.

Quand la succession est échue à la femme et qu'elle l'a acceptée avec l'autorisation de son mari, les créanciers peuvent exercer leur action contre les biens héréditaires, contre les biens de la communauté qui en a profité, contre les biens propres de la femme et contre ceux du mari qui s'est lié par son autorisation.

Si la femme n'a accepté qu'avec autorisation de justice, le mari n'est plus responsable. Mais il faut encore distinguer s'il a ou non été dressé un inventaire. Dans le premier cas, les créanciers ne peuvent poursuivre leur paiement que sur les biens tant mobiliers qu'immobiliers de la succession, et, en cas d'insuffisance, sur la nue propriété des autres biens personnels de la femme (art. 1417, C. Nap.). Dans le second cas, c'est-à-dire s'il n'a pas été fait d'inventaire, les créanciers peuvent se faire payer sur les biens de la communauté, sur les biens de la succession et sur la nue propriété des biens de la femme (art. 1416 et 1413, C. Nap.).

2° Succession purement immobilière. Lorsque la succession est purement immobilière, qu'elle se soit ouverte au profit du mari ou de la femme, les créanciers peuvent toujours agir contre les biens héréditaires. Mais peuvent-ils aussi se faire payer sur les biens de la communauté et sur les propres des époux? Distinguons. Si la succession est échue au mari, ils pourront poursuivre leur paiement sur ses biens propres et sur ceux de la communauté (art. 1412). Mais si la communauté paie pour le mari, il doit récompense à la femme ou à ses héritiers. Si la succession est échue à la femme et qu'elle l'ait acceptée du consentement du mari, les créanciers de la succession peuvent exercer leur action sur tous les biens personnels de la femme. Si elle n'a accepté qu'avec autorisation de justice, les créanciers, en cas d'insuffissance des immeubles de la succession, ne peuvent se pourvoir que sur la nue propriété des biens personnels de la femme. En aucun cas la communauté ne peut être poursuivie, puisqu'elle ne profite pas des biens de la succession (art. 1413; Rod. et Pont., I, 579).

3° Succession mixte. Lorsqu'elle est échue au mari, les créanciers peuvent poursuivre leur paiement sur les biens de la communauté et sur ceux du mari, sauf récompense dans le premier cas (art. 1416).

Lorsque la succession est échue à la femme et qu'elle a été acceptée par le mari, les créanciers peuvent agir sur les biens de la communauté pour l'intégralité de leur créance, et non point dans une proportion déterminée par les valeurs mobilières comprises dans la succession. Mais si la communauté paie au delà de sa part contributoire, elle a droit à récompense de la part de la femme (art. 1416).

C'est une dérogation apportée à l'art. 1414, pour éviter les difficultés et les contestations qui pourraient surgir au sujet de la portion contributoire. Les créanciers peuvent encore se pourvoir sur les immeubles héréditaires, sur la nue propriété et les revenus des biens de la femme. Cette règle est formulée dans l'art. 1417 du Code Napoléon.

SECTION III.

DES DETTES TANT EN CAPITAUX QU'ARRÉRAGES CONTRACTÉES PAR LE MARI PENDANT LA COMMUNAUTÉ, OU PAR LA FEMME DU CONSENTEMENT DU MARI.

Pendant la communauté, les deux époux doivent nécessairement contracter des dettes. En règle générale, la communauté doit les supporter. Cependant, il y a des différences à établir entre les dettes contractées par le mari et celles qui le sont par la femme. Nous avons déjà dit que le mari étant maître et seigneur de la communauté, il peut l'engager comme il lui plaît. Toutes les dettes qu'il contracte sont à sa charge. Mais elle a droit à récompense si elle acquitte une dette qui a été faite dans l'intérêt exclusif du mari. Quant aux dettes de la femme, elles ne grèvent la communauté que si le mari a donné son autorisation. Établissons cette distinction.

1° Dettes contractées par la femme. Le mari est seul administrateur de la communauté ; les actes de la femme n'engagent celle-ci qu'autant qu'ils ont été autorisés par le mari (art. 1409, al. 2). Mais ce n'est qu'en vertu de cette autorisation que la communauté devient responsable, celle de la justice serait inefficace. Cependant, il ne faut pas faire une application trop rigoureuse de cette règle. La communauté peut quelquefois n'être pas tenue d'une obligation contractée par la femme avec autorisation de son mari. D'un autre côté, lorsque la femme a agi dans l'intérêt de la communauté, celle-ci peut être poursuivie par l'action de *in rem verso*, si elle en a tiré profit.

L'autorisation du mari est nécessaire pour tous les actes de la femme. Mais que l'autorisation ait ou non été donnée, les créanciers ne peuvent jamais, pendant la durée de la communauté, agir que sur la nue propriété des biens de la femme.

Lorsque la femme a été autorisée, les créanciers peuvent se faire payer tant sur les biens de la communauté que sur ceux du mari ou de la femme, sauf la récompense due à la communauté et l'indemnité à laquelle le mari a droit (art. 1419). Cependant, en général, *qui auctes est non se obligat.* Mais la règle devait fléchir ici. Si, en effet, son autorisation n'eût point obligé le mari, il eût pu en abuser pour engager la femme dans des entreprises hasardées, afin de se créer des ressources et lui en laisser toute la responsabilité.

Le consentement du mari peut être donné avant ou après l'acte, par acte authentique ou sous seing privé, expressément ou tacitement (art. 120; Rod. et Pont., I, 591 et suiv.). Nous allons même voir trois cas où la loi le suppose tacite.

1° «Toute dette qui n'est contractée par la femme qu'en vertu de la procuration générale ou spéciale du mari, est à la charge de la communauté, et le créancier n'en peut poursuivre le paiement ni contre la femme, ni sur ses biens personnels» (art. 1420). Il est des cas où il est impossible de donner à la femme une procuration en forme. C'est lorsqu'il s'agit des petites dépenses faites dans l'intérêt du mariage, détails dans lesquels le mari ne peut entrer. Mais si elle abusait de son mandat pour faire des dépenses excessives, le mari pourrait défendre aux fournisseurs de traiter avec sa femme, ou les prévenir qu'il ne répond plus des dettes qu'elle contractera à l'avenir.

2° Quand la femme contracte comme marchande publique. «Les actes faits par la femme sans le consentement de son mari, et même avec l'autorisation de la justice, n'engagent point la communauté, si ce n'est lorsqu'elle contracte comme marchande publique et pour le fait de son commerce» (art. 1426). La loi n'est pas tout à fait exacte, lorsqu'elle présente comme une exception le fait que la communauté est obligée par les actes faits par la femme comme marchande publique. Elle agit bien, en effet, avec l'autorisation, puisque, d'après l'art. 4 du

Code de commerce, le consentement du mari est une condition essentielle pour que la femme puisse être marchande publique. Seulement, cette autorisation est générale.

Lorsque la femme marchande publique est poursuivie par les créanciers, il s'agit, pour déterminer l'étendue de leur action, de distinguer entre les actes commerciaux et non commerciaux de la femme. Mais est-ce au mari ou au créancier à prouver que l'acte est ou non commercial? Lorsque l'acte est commercial par sa forme, son essence, la présomption est en faveur du créancier ; c'est au mari à prouver que l'acte n'est pas commercial. Lorsqu'au contraire l'acte est étranger au commerce, c'est au créancier à administrer la preuve. Lorsque les actes de la femme faisant l'objet des poursuites des créanciers sont commerciaux, ils peuvent exercer leur action contre les biens de la femme, ceux de la communauté et ceux du mari. La femme, comme marchande publique, est même contraignable par corps.

3º Lorsque la femme s'oblige solidairement avec son mari. «La femme qui s'oblige solidairement pour les affaires de la communauté ou du mari, n'est réputée, à l'égard de celui-ci, s'être obligée que comme caution; elle doit être indemnisée de l'obligation qu'elle a contractée» (art. 1431).

A l'égard du mari, la femme n'est obligée que comme caution. Mais à l'égard des créanciers, elle est débitrice personnelle et peut être poursuivie pour la totalité de la dette. Cependant, dans le cas où elle a payé, elle a un recours contre le mari.

Nous disions plus haut que l'autorisation de la justice ne saurait engager les biens de la communauté. L'art. 1427 prévoit cependant deux cas d'exception à cette règle. La femme autorisée par la justice peut engager les biens de la communauté.

1º Pour tirer son mari de prison. Mais il est bien entendu que ceci n'est pas applicable au cas où le mari est détenu pour crime ou délit.

2º Pour établir ses enfants, en cas d'absence du mari. Il faut entendre par établissement non-seulement l'établissement par mariage, mais encore celui qui consiste à leur procurer un état, une industrie qui leur permette de pourvoir à leur subsistance.

2° Dettes contractées par le mari. Toutes les dettes contractées pendant le mariage par le mari, quelle qu'en soit la cause, tombent dans la communauté (art. 1409, al. 2). « La raison en est, dit Pothier, que la femme, lorsque son mari contracte, est censée, non en son propre nom, mais en sa qualité de commune, contracter et s'obliger avec lui pour sa part en la communauté, même sans qu'elle en ait rien su et qu'elle puisse s'y opposer.» Le principe est général. Il s'applique aux dettes mobilières et immobilières, aux dettes résultant d'un contrat, d'un quasi-contrat, d'un délit ou d'un quasi-délit (art. 1224). Peu importe même qu'elles aient été contractées dans l'intérêt de la communauté ou dans l'intérêt exclusif du mari. Les créanciers peuvent en poursuivre le paiement sur les biens du mari et sur ceux de la communauté, mais non sur les propres de la femme. Si la dette a été contractée uniquement dans l'intérêt du mari, la communauté qui les paie a droit à une récompense (art. 1409, al. 2; 1437). De même, si elle a été contractée dans l'intérêt exclusif de la femme, celle-ci en doit récompense au mari ou à ses héritiers, quand la communauté l'a acquittée.

SECTION IV.

DES INTÉRÊTS ET ARRÉRAGES DES RENTES OU DETTES QUI SONT PERSONNELLES A L'UN OU A L'AUTRE DES ÉPOUX (art. 1409, al. 3).

La communauté est usufruitière des biens propres des époux. Elle devait donc, par une juste réciprocité, être tenue des intérêts et charges de ces mêmes biens. Il ne s'agit ici que des rentes et arrérages de dettes qui ne sont point tombés en communauté. Tels sont les intérêts du prix d'un immeuble acheté par l'un des époux avant le mariage; ceux des sommes dues pour soulte ou retour de partage d'immeubles; ceux d'une dette dont l'un des époux est tenu comme détenteur d'un immeuble hypothéqué.

SECTION V.

DES RÉPARATIONS USUFRUCTUAIRES D'IMMEUBLES EXCLUS DE LA COMMUNAUTÉ
(art. 1409, al. 4).

Les réparations usufructuaires ou d'entretien sont celles qui ont pour objet de maintenir une chose en bon état et de lui faire produire tous les fruits dont elle est susceptible. La communauté est tenue des réparations d'entretien, mais les grosses réparations ne sont point à sa charge (arg. art. 605), à moins qu'elles n'aient été occasionnées par le défaut de réparations d'entretien. Quand la communauté fait faire de grosses réparations sur l'immeuble de la femme, elle a droit à récompense de la part de la femme, dont le fonds a augmenté de valeur. Si, au contraire, ces réparations ont été faites sur l'immeuble du mari, celui-ci doit en tenir compte à la communauté.

SECTION VI.

DES ALIMENTS DES ÉPOUX, DE L'ÉDUCATION DES ENFANTS ET DE TOUTE AUTRE CHARGE DU MÉNAGE (art. 1409, al. 5).

La prestation des aliments et l'obligation de pourvoir à l'éducation des enfants sont à la charge de la communauté, non-seulement lorsqu'il s'agit des enfants communs, mais encore de ceux qui sont issus d'un précédent mariage. La communauté est encore tenue des pensions alimentaires dues par l'un ou par l'autre des époux à ses père, mère, ascendants, etc., en vertu des art. 205 et 206 du Code Napoléon. Enfin, elle est encore tenue des frais de la dernière maladie de l'un des époux, des frais de scellés et inventaire des biens communs.

DROIT COMMERCIAL.

DE

LA BANQUEROUTE FRAUDULEUSE.

(Art. 591 et 592, Code de Comm.)

Un commerçant est en faillite quand il est dans l'impuissance de remplir ses engagements. La cessation des paiements commerciaux constitue donc l'état de faillite (art. 437, Code com.). Le commerçant seul peut tomber en faillite. Les individus non commerçants qui deviennent insolvables sont en état de déconfiture.

La banqueroute (des mots italiens *banca rotta*, banc rompu) est l'état de tout commerçant contre lequel s'élèvent des faits d'inconduite ou de fraude. Pour être banqueroutier, il faut être failli, et par conséquent commerçant.

Plusieurs caractères distinguent la faillite de la banqueroute. La faillite est toujours nécessaire et forcée; elle est le résultat d'une perte, d'un malheur ou d'un accident indépendant de la volonté du failli. La banqueroute est toujours volontaire, et causée par la faute du débiteur. Le failli est donc innocent; le banqueroutier coupable et puni par la loi.

Il y a deux espèces de banqueroute : la banqueroute simple et la banqueroute frauduleuse. Nous n'avons à nous occuper que de cette dernière. Mais avant d'en donner la définition, nous allons exposer les caractères qui distinguent les deux espèces de banqueroute.

La banqueroute simple est occasionnée par la négligence ou la mauvaise conduite du débiteur, mais sans qu'il y ait, de sa part, intention frauduleuse de s'enrichir aux dépens de ses créanciers. Dans la banqueroute frauduleuse il y a de plus la fraude, ainsi que son nom l'indique.

La première n'est qu'un délit ; la seconde est un crime. La banqueroute simple n'est donc punie que de peines correctionnelles ; la banqueroute frauduleuse est frappée de peines afflictives et infamantes. Le banqueroutier simple peut obtenir un concordat et sa réhabilitation. Le banqueroutier frauduleux est privé de ces droits.

La banqueroute frauduleuse est une cessation de paiements volontaire, accompagnée de faute et mauvaise foi de la part du débiteur. La banqueroute frauduleuse est le fléau du commerce, la ruine des familles. C'est un crime qui mérite justement la sévérité des lois. Aussi a-t-elle été de tout temps poursuivie avec rigueur.

L'ordonnance de 1560, rendue par Charles IX, portait : «Tous les banqueroutiers, et qui feront faillite en fraude, seront punis extraordinairement et capitalement.» Cette disposition légale fut confirmée dans la suite par une ordonnance de Louis XIII, en 1629, et par l'édit de 1673. Mais cette peine était trop sévère et devenait par là même une cause d'impunité. Sous la Révolution, elle fut changée en six ans de fer. Aujourd'hui, la peine portée par l'art. 402 du Code pénal contre le banqueroutier frauduleux est celle des travaux forcés à temps.

Le Code de 1807, qui réglait la matière des faillites et des banqueroutes avant la loi du 28 mai 1838, distinguait parmi les faits constitutifs de banqueroute, ceux qui *pouvaient* et ceux qui *devaient* entraîner la banqueroute frauduleuse. L'art. 593, qui énumérait les sept cas où le failli devait être poursuivi comme banqueroutier frauduleux , était limitatif. Le failli ne pouvait être puni que lorsqu'il se trouvait dans l'un des cas prévus par la loi. Mais la peine étant trop sévère, il en résultait que les syndics cachaient les fautes du failli et lui assuraient par là l'impunité.

L'art. 594 fixait les cas où le failli *pouvait* être poursuivi comme banqueroutier frauduleux. Le défaut de la loi était qu'il n'y avait pas de milieu entre l'impunité et les peines afflictives et infamantes.

La loi de 1838 a aboli cette distinction. Elle s'est bornée à tracer les caractères de la banqueroute frauduleuse, laissant aux tribunaux le soin d'apprécier, d'après ces données, si tels faits doivent ou non l'entraîner.

L'art. 591 du Code de commerce, corrigé par la loi de 1838, porte: «Sera déclaré banqueroutier frauduleux et puni des peines portées au Code pénal, tout commerçant failli qui aura soustrait ses livres, détourné ou dissimulé une partie de son actif, ou qui, soit dans ses écritures, soit par des publics ou des engagements sous signature privée, soit par son bilan, se sera frauduleusement reconnu débiteur de sommes qu'il ne devait pas. Il y a donc trois cas où le failli devra être poursuivi comme banqueroutier frauduleux : 1° lorsqu'il aura soustrait ses livres ; 2° lorsqu'il aura détourné ou dissimulé une partie de son actif ; 3° lorsqu'il se sera reconnu débiteur de sommes qu'il ne devait pas.

Reprenons. Les livres du commerçant sont le seul moyen de constater ses opérations, de voir l'état de son passif et de son actif, de remonter à l'origine de la faillite. Lorsqu'il les supprime, c'est qu'il redoute les investigations des créanciers. Son but est de cacher les fraudes que ses livres rendraient manifestes. La loi a donc raison de l'en punir. Des livres fabriqués après coup, quoique conformes au bilan de la faillite, seraient bien évidemment non avenus. Ce que la loi exige, ce sont des livres tenus régulièrement jour par jour.

Le failli détourne une partie de son actif quand il cache de l'ar-

7

gent ou des valeurs mobilières pour se les approprier au détriment de ses créanciers. Il dissimule son actif quand il ne fait pas mention des créances qu'il a, dans l'intention d'en fruster ses créanciers.

Lorsque le failli se reconnaît débiteur de sommes qu'il ne doit pas, il diminue par là le gage commun de ses créanciers. C'est un vol, qui donne à la faillite son caractère de banqueroute frauduleuse.

Dans ces trois cas, l'art. 591 renferme la plupart de ceux qui étaient prévus par l'art. 593 du Code de 1807. Il omet celui qui était rangé sous le n° 5 de cet article, parce qu'il est déjà puni, comme abus de confiance, par le Code pénal (art. 408).

Nous l'avons déjà dit, la peine de la banqueroute frauduleuse est celle des travaux forcés à temps, qui sera prononcée pour 5 ans au moins et 20 ans au plus (art. 19, C. pén.). La peine est élevée d'un degré lorsqu'elle frappe les agents de change et courtiers. La loi leur défend de faire, dans aucun cas et sous aucun prétexte, des actes de commerce et de banque pour leur propre compte (art. 85, Cod. de com.). Cette disposition est pleine de sagesse. Les agents de change et les courtiers, en effet, étant les intermédiaires entre les commerçants, et connaissant leurs secrets, doivent se rendre dignes de la confiance que l'on place en eux. Mais l'intérêt propre l'emporte sur bien des considérations. Et s'il leur était permis de faire le commerce pour eux-mêmes, il leur serait bien difficile de ne pas mettre à profit les secrets dont ils sont les dépositaires. C'est en vue de prévenir ce mal que défense leur a été faite de se livrer à des opérations de commerce. Mais quelle en est la sanction? Nous la trouvons dans l'art. 404 du Code pénal. «Les agents de change et courtiers qui auront fait faillite seront punis des travaux forcés à temps ; s'ils sont convaincus de banqueroute frauduleuse, la peine sera celle des travaux forcés à perpétuité.»

Sont aussi, comme complices, punis des travaux forcés à temps :

1° Les individus convaincus d'avoir, dans l'intérêt du failli, soustrait, récélé ou dissimulé tout ou partie de ses biens, meubles ou immeubles ;

2° Les individus convaincus d'avoir frauduleusement présenté dans la faillite, et affirmé, soit en leur nom, soit par interposition de personnes, des créances supposées ;

3° Les individus qui, faisant le commerce sous le nom d'autrui ou sous un nom supposé, se seront rendus coupables de faits prévus en l'art. 591 (art. 593, Cod. com.).

La tentative de banqueroute frauduleuse est également punie comme le crime même (arg., art. 2, Cod. pén. — Arrêt cass. 16 messidor an VIII).

La banqueroute frauduleuse étant un crime est du domaine de la cour d'assises. Le jury doit constater non-seulement l'existence matérielle des faits d'où résulte la banqueroute, mais encore l'intention coupable. Il doit, malgré l'existence d'un jugement déclaratif de faillite, répondre sur la qualité de commerçant du prévenu. Peuvent être poursuivis en France pour crime de banqueroute frauduleuse les commerçants français ou étrangers établis en France, et même ceux établis en pays étranger, lorsque la banqueroute est faite au préjudice d'un Français (arg., art. 14., C. Nap. — Arrêt cass. 1er septembre 1827).

A qui appartient la poursuite de la banqueroute frauduleuse? C'est au ministère public, sur la dénonciation des syndics ou des créanciers, ou sur la notoriété publique. Mais elle ne peut l'être directement ni par les syndics, ni par les créanciers. Les frais restent à la charge du prévenu, s'il est condamné; ils sont supportés par le Trésor, s'il est acquitté. Mais en aucun cas ils ne sont à la charge de la masse (art. 592, C. comm.). Les créanciers ou les syndics peuvent se porter partie civile; mais dans ce cas-là même les frais ne retombent pas sur la masse. Ils sont payés en cas d'acquittement par les poursuivants, et par le Trésor, sauf recours contre le banqueroutier, s'il y a condamnation.

En cas de banqueroute simple, si les syndics représentant la masse interviennent, les frais seront à la charge de la masse. En sera-t-il de même en cas de banqueroute frauduleuse? La loi se tait sur ce point. Cependant, si l'on combine les deux alinéas de l'art. 592, l'expression «en aucun cas» doit faire croire que le législateur a voulu que les frais ne fussent jamais à la charge de la masse. La loi favorise et provoque de cette manière l'intervention des syndics, qui sont plus au courant des affaires du failli et peuvent donner des éclaircissements utiles (Bédarride, n° 1122).

L'action en banqueroute frauduleuse s'éteint par la prescription ordinaire de 10 ans (art. 637, C. just. crim.). Ce délai court du jour de l'ouverture de la faillite. Si les actes qui ont déterminé la banqueroute frauduleuse sont postérieurs à la faillite, il court du jour où ils ont été consommés. Enfin le délai court du dernier acte de poursuite, s'il y a eu poursuite sans jugement.

Vu par le président de l'acte public,

Strasbourg, le 3 août 1859.

ESCHBACH.

Permis d'imprimer :

Strasbourg, le 6 août 1859.

Le *Recteur*, DELCASSO.

www.ingramcontent.com/pod-product-compliance
Lightning Source LLC
Chambersburg PA
CBHW050544210326
41520CB00012B/2706